Nördlingen

im Ries
an der Romantischen Straße

Stadtführer mit 90 Farbbildern

Text: Wolfgang Kootz
Fotos: Willi Sauer, Ulrich Strauch u.a.

Kraichgau Verlag

Die Geschichte der Stadt in Stichworten

15 Mill. Jahre — Durch den Einschlag eines Meteoriten von 1 km Durchmesser entsteht der Rieskrater.

11.000 v. Chr. — Eine altsteinzeitliche Besiedlung des heutigen Stadtgebiets wurde durch die Schädelfunde in der großen Ofnethöhle bei Holheim nachgewiesen.

Die Ofnethöhlen bei Nördlingen, Fundort der berühmten "Schädelnester".

1.-3. Jh. n. Chr. — Im heutigen Stadtgebiet existieren ein römisches Kastell und in dessen Schutz eine Siedlung, ebenso nahe den Ofnethöhlen ein römischer Gutshof (villa rustica).

6./7. Jh. — Alemannische Besiedlung nachgewiesen.

898 — Erste Erwähnung des Namens „Nordilinga" für einen karolingischen Königshof, der zum Bistum Regensburg gehört.

1215 — Die Siedlung erhält von Kaiser Friedrich II. Marktrechte und Freiheiten. Dadurch steigt sie zur Freien Reichsstadt auf und ist nur noch dem Kaiser gegenüber abhängig. Bau der ersten Stadtmauer, deren Verlauf noch heute im Grundriß deutlich ist: Herrengasse - Vordere Gerbergasse - Bauhofgasse - Bei den Kornschrannen - Drehergasse - Neubaugasse.

1219 — Die Nördlinger Pfingstmesse wird erstmals erwähnt. Im Bereich der gesamten Altstadt werden neben Getreide und Vieh vor allem Textilien, Pelze und Metallwaren gehandelt. Sie entwickelt sich zu der neben Frankfurt wichtigsten Fernhandelsmesse Oberdeutschlands.

1238 — Ein verheerender Stadtbrand vernichtet einen großen Teil der Altstadt.

1327 — Auch außerhalb der engen Ummauerung haben sich Handwerker angesiedelt. Durch ihre Tüchtigkeit (vor allem Gerber und Weber) sowie die der Händler gelangt die Stadt zu einigem Wohlstand. Kaiser Ludwig der Bayer befiehlt den Bau des heutigen Mauerringes, durch den sich das Stadtgebiet etwa auf die vierfache Größe ausdehnt.

1427 — Baubeginn an der heutigen St.-Georgs-Kirche.

1438 Das „Scharlachrennen“ ist urkundlich belegt.

1488 Nördlingen ist eines der führenden Mitglieder beim Schwäbischen Städtebund (bis 1534)

1522/23 Einführung der Reformation.

1555 Die Reformation in Nördlingen wird endgültig bestätigt.

1618-48 30jähriger Krieg: Die Stadt hat vor allem zwischen 1630 und 1634 schwer zu leiden, als sie mehrfach abwechselnd den feindlichen Parteien als Heerlager dient. Nach einer dreiwöchigen Belagerung gibt sie 1634 erst auf, als die verbündeten Schweden in der Schlacht bei Nördlingen eine entscheidende Niederlage hinnehmen müssen. Die Stadt verliert mehr als die Hälfte ihrer Bevölkerung. Sie verarmt und verliert ihre politische Bedeutung, zumal sich die Handelszentren inzwischen in Richtung der Seehäfen verlagern. Durch diesen unfreiwilligen „Dornröschenschlaf“ bleibt das spätmittelalterliche Stadtbild über Jahrhunderte fast unverändert erhalten.

Aufstellung des schwedischen und des kaiserlichen Heers vor der Schlacht bei Nördlingen (6.11.1634).

1802/03 Nördlingen verliert seine Selbständigkeit, als es Bayern angegliedert wird.

1939 Erst nun erreicht die Stadt wieder die Bevölkerungszahl von 1618.

1972-78 Durch zehn Eingemeindungen steigt die Einwohnerzahl auf knapp 20.000 an.

Historische Altstadt, vom "Daniel" aus gesehen.

Herzlich willkommen im mittelalterlichen Nördlingen

Etwa auf halber Strecke zwischen Würzburg und Füssen, an der vielbesuchten Romantischen Straße, liegt inmitten des Rieskraters auf 430 m Höhe die einstige Freie Reichsstadt Nördlingen. Neben guten Straßenverbindungen vor allem über die A7 (Würzburg-Ulm) erreicht man die Stadt auch mit der Eisenbahn sowie im Sommer mit einer der Fernbuslinien Wiesbaden-München oder „Romantische Straße“. Wer mit dem PKW anreist, sollte bedenken, daß die Städte im Mittelalter nicht für modernen Individualverkehr konzipiert waren. Deshalb findet der Besucher große Parkflächen nur außerhalb der Stadtmauer. Jedoch gelangt er von hier durch eines der 5 Stadttore auf direktem Weg in kaum 10 Minuten ins Zentrum der Altstadt. Zusammen mit den 11 erhaltenen Wehrtürmen, der „Alten Bastei“ und der rundum begehbaren Stadtmauer - der einzigen in Deutschland - gehören die Stadttore zu den Anziehungspunkten für die Gäste aus aller Welt. Sie bewundern jedoch vor allem die gesamte erhaltene Bausubstanz aus der Blütezeit der Stadt (14.-16. Jahrhundert), die herrlichen Fassaden der öffentlichen Gebäude wie der Bürgerhäuser in Fachwerk, Renaissance oder Barock, ohne daß moderne Bauten das Gesamtbild stören. Einen phantastischen Überblick hat der Besucher vom 90 m hohen „Daniel“, dem Turm der St.-Georgs-Kirche und gleichzeitig Wahrzeichen Nördlingens. Hier arbeiten die beiden städtischen Türmer, die letzten in Deutschland. Einmalig ist auch ihr Wächterruf („So, G'sell, so“), der zwischen 22 und 24 Uhr jede halbe Stunde über die Stadt hallt.

Das vollständige spätmittelalterliche Stadtbild läßt sich leicht durch die geschichtliche Entwicklung erklären: Die reichsfreie Stadt (seit 1215) war dank der günstigen Lage an zwei Handelswegen und des Geschicks seiner Händler und besonders der Handwerker zu einigem Wohlstand gelangt. Bis 1630 dauerte die Blüte des Gemeinwesens, ehe sie innerhalb weniger Jahre abrupt unterbrochen wurde. Am Ende des 30jährigen Krieges hatte Nördlingen sowohl mehr als die Hälfte seiner Einwohner als auch seine politische und wirtschaftliche Bedeutung verloren. Jahrhundertelang stagnierte die Entwicklung, die ererbte Bausubstanz konnte nur gerade so erhalten werden. Erst nach dem 2. Weltkrieg, dessen Bomben die Stadt glücklicherweise verschonten, begann eine neue Entwicklung. In den folgenden Jahrzehnten gelang es den Stadtvätern in vorbildlicher Weise, Nördlingen einerseits zum bedeutendsten Industriestandort des bayerischen Regierungsbezirks Nordschwaben zu machen, ohne andererseits die Altstadt in ihrer Geschlossenheit zu zerstören. Ihr Zentrum blieb, wie in früheren Zeiten, der Sammelpunkt des städtischen Lebens, eine gelungene Symbiose von Mittelalter und moderner Zeit. Heute ist Nördlingen (20.000 Einwohner) Große Kreisstadt im Landkreis Donau-Ries, sowie Standort von Behörden, Schulen und Industrie sowie gleichzeitig Zentrum des Fremdenverkehrs im vielbesuchten Ries. Eine Vielzahl von Beherbergungsbetrieben und Gaststätten aller Art ist um das Wohlbefinden der Gäste bemüht, Tagungen und Kongresse werden abgehalten. Die Stadtbücherei, das Stadtarchiv und vier Museen, Konzerte und Theater im Saal wie im Freien bieten ein vielfältiges kulturelles Angebot, das alle zwei Jahre in den „Rieser Kulturtagen“ gipfelt. Für Aktivurlauber bieten die örtlichen Vereine ebenso viele Möglichkeiten wie städtische oder private Einrichtungen. Spaziergänge, Wanderungen und Radtouren in die waldreiche Umgebung tragen dazu bei, daß für den Gast auch ein längerer Aufenthalt in der mittelalterlichen Stadt und ihrer Umgebung zu einer Erholung für Körper, Geist und Seele werden kann.

Ein Rundgang durch die Altstadt

Kaum irgendwo in Deutschland ist die Altstadt auch für den Besucher so klar umgrenzt wie in Nördlingen, nämlich mit einem komplett erhaltenen, mittelalterlichen Befestigungsring. Dieser ist zudem als einzige Stadtmauer unseres Landes vollständig zu begehen und zeigt durch seinen fast kreisrunden Verlauf, daß bei seinem Bau im 14. Jahrhundert keine schwierigen Geländeabschnitte einbezogen werden mußten. Den empfehlenswerten Rundgang um diese Befestigungsanlage beschreiben wir im zweiten Kapitel dieses Büchleins. Zunächst jedoch wenden wir uns den zahlreichen sehenswerten geschichtlichen Zeugnissen innerhalb der Altstadt zu.

Blick von der südlichen Wehrmauer auf die St.-Georgs-Kirche mit ihrem markanten Turm, dem „Daniel".

Die Pfarrkirche St. Georg ❶

Wie beim Netz einer Spinne die Hauptfäden treffen sich die Durchfahrtsstraßen Nördlingens bei der mächtigen St.-Georgs-Kirche. 90 m hoch erhebt sich ihr Turm, im Volksmund der „Daniel" genannt, über die roten Ziegeldächer der Altstadt. Er ist bei klarer Sicht fast von jedem Punkt des Rieskraters aus zu sehen und daher das Erkennungs- und Wahrzeichen der Stadt. Das Gotteshaus ist zudem das größte Gebäude, das jemals aus Suevit (Schwabenstein) gebaut wurde. Es handelt sich dabei um ein Gestein, das bei der ungeheuren Hitzeentwicklung des Meteoriteneinschlags entstand, der vor etwa 15 Millionen Jahren den Rieskrater formte (s. Rieskrater-Museum).

Nachdem Nördlingen im späten Mittelalter eine wohlhabende und bedeutende Reichsstadt geworden war, wuchs auch ihre Einwohnerzahl, und die alte Pfarrkirche wurde zu eng. So beschloß der Rat der Stadt am 17. Oktober 1427 einen Kirchenneubau am Platz des alten Gotteshauses, der alsbald in Angriff genommen wurde. Dennoch dauerte es bis 1505, ehe das Gebäude fertiggestellt war. Obwohl naturgemäß eine Vielzahl von Baumeistern daran wirkte, entstand ein weitgehend einheitliches Werk von großer künstlerischer Wirkung, gleichzeitig eine der größten spätgotischen Hallenkirchen Süddeutschlands. Ihre Gesamtlänge beträgt außen 93,5 m, die Breite im Langhaus 23,5 m und die Firsthöhe 39 m. Durch den Turm hindurch führte einst die Haupttür (1454) in das Kircheninnere. Beiderseits des Portals bilden zwei Treppentürmchen einen reizvollen Kontrast zum mächtigen Hauptturm. Links von ihm befindet sich auch der Aufgang zur Aussichtsplattform des Daniel. Trotz der Mühsal von 350 Treppenstufen lohnt sich der Aufstieg zweifelsohne, denn bei klarer Sicht soll man alle 99 Dörfer des Rieses samt ihren Kirchtürmen sehen können, vor allem aber die geordnete Dachlandschaft der Stadt mit ihrem geschlossenen Mauerring. Auf den vier quadratischen Stockwerken erheben sich drei weitere von achteckigem Grundriß, bekrönt durch einen Kuppelhelm mit durchbrochener Laterne (1539), bis zur stattlichen Höhe von 90 m. Am Fuß des 7. Stockwerks befindet sich die Aussichtsplattform, die den beiden Turmwächtern als Ausguck diente. In friedlichen Zeiten wachten sie Tag und Nacht über eventuell entstehende Brände, die sie mit dem Feuerhorn und der Feuerglocke von 1536 - in der Laterne des Turms - zu melden hatten. Die Richtung des Brandes zeigten sie tagsüber mit einer roten Fahne an, nachts mit der großen Feuerlaterne. Früher waren zudem auch die fünf Stadttore mit Wächtern be-

Türmer auf dem "Daniel".

Aus allen Himmelsrichtungen betrachtet, dominiert die mächtige Hauptkirche St. Georg mit dem Turm "Daniel" die romantische Altstadt.

setzt, die ebenso wie die auf dem Kirchturm nach sich nähernden Feinden Ausschau hielten. Um nachts ihre Wachsamkeit zu demonstrieren, mußten die Türmer jede volle Stunde den Kontrollruf ertönen lassen: „So G'sell so“. Noch heute kann der Besucher zwischen 22 Uhr und Mitternacht alle halbe Stunde den Wächterruf vom Daniel hören, der in stillen Nächten im gesamten Altstadtgebiet weit zu hören ist. Die Stimme gehört einem der beiden hauptamtlichen städtischen Wächter, die von ihrer hohen Turmstube aus die Besucherströme auf die 18 Stufen höhere Plattform lenken, das Eintrittsgeld kassieren und sie mündlich oder schriftlich mit Informationen beliefern. Die Versorgung der Wächter war in früheren Zeiten mühsam, doch wußte man sich bald mechanischer Hilfen zu bedienen. Wer den Turm besteigt, sieht noch heute neben modernerem Gerät eine hölzerne Spindel zum Heraufziehen des Seils, an dem ein Förderkorb mit den Notwendigkeiten für den Türmer hing. Dieser Berufsstand kann übrigens nur in Nördlingen auf eine ungebrochene Tradition seit dem 14. Jahrhundert zurückblicken.

Erst fünf Jahrhunderte später erhielt der Turm seinen im Volksmund üblichen Beinamen „Daniel“ nach dem Bibelspruch: „Und der König erhöhte Daniel und .... machte ihn zum Fürsten über die ganze Landschaft ...“

Durch die Markttür an der Nordwestecke, nahe dem Turmaufgang, betreten wir das imposante Gotteshaus. 11 Säulenpaare tragen das Netzrippengewölbe und trennen die Seitenschiffe vom Mittelschiff des hellen Innenraums. Die elegant geschwungenen Wendeltreppen beiderseits der Turmhalle führen auf die Westempore mit der Hauptorgel. In das vorgezogene Mittelstück der Maßwerkbrüstung ist ein kunstvolles Steinrelief eingefügt, ebenso wie die flankierenden Gestalten der Hl. Georg und Maria Magdalena 1507 durch Paul Ypser aus München geschaffen.

Wir folgen dem südlichen Seitenschiff und passieren neben zahllosen Epitaphien und Gedenktafeln die reich gegliederte Kanzel (1499), deren Reliefs überwiegend aus den Steinen des Kanzelkörpers herausgearbeitet sind. Der hölzerne Schalldeckel (1681) hingegen verkörpert die künstlerischen Vorstellungen der Barockzeit.

Am letzten Joch des Langhauses führt ein spätgotischer Torbogen zur Sakristei und zum reich und farbig dekorierten Gehäuse der Seitenorgel. Es entstand samt den Bildern an der Brüstung 1544 im Stil der Spätrenaissance, ähnlich der jüngeren Empore. Während das frühere Orgelwerk von hier aus gespielt wurde, bildet es heute einen Teil der Hauptorgel und wird von der Westempore aus bedient. Über der Sakristeitür prangt eine farbenprächtige Holztafel, auf der stammbaumartig sechs Porträts der alten Nördlinger Bürgerfamilie Frickhinger angebracht sind.

Die gesamte Fülle der Grabdenkmäler hier in der Georgskirche liest sich wie eine Ahnentafel der einheimischen Fa-

Information

Öffnungszeiten St. Georg:
geöffnet von Ostersamstag bis 31. Oktober täglich von 9.30-12.30 Uhr und von 14-17 Uhr; vom 1. November bis Gründonnerstag von 10.30-12.30 Uhr. Montags geschlossen. Telefon 09081/4035.

St.-Georgs-Kirche: Blick von der Westempore durch die spätgotische Hallenkirche. Am zweiten Pfeiler die kunstvolle steinerne Kanzel (1499) mit ihrem barokken Schalldeckel. Rechts dahinter die Seitenorgel mit ihrem prächtig dekorierten Gehäuse.

milien und gewährt uns informative Einblicke in die Stadtgeschichte: Gleich nach dem Betreten des Chors begegnen uns Emmeram Wagner (gest. 1516), der vorletzte katholische Geistliche von St. Georg, drei Joche weiter der Ratskonsulent Dr. Sebastian Röttinger (gest. 1608), der sich bei den unseligen Hexenprozessen hervorgetan hatte, und kurz hinter dem Scheitelpunkt des Chors Gräfin Anna von Oettingen-Wallerstein (gest. 1555), die im Gegensatz zu ihrem Gemahl, dem Grafen Martin, eine eifrige Anhängerin der Reformation war, sich deshalb von ihm trennte und nach Nördlingen übersiedelte.

Statue des hl. Georg am Hochaltar der St. Georgskirche.

Hinter dem nächsten Fenster ragt das schlanke steinerne Sakramentshäuschen (1511-25) 16 m in die Höhe. Unter dem Gehäuse, das früher das Sakrament bewahrte, erkennen wir vier Propheten, am Schrein die vier Evangelisten und darüber sechs musizierende Engel, dann sechs Apostel und außen drei Heilige. Im Fialenwerk weiter oben sind Christus und Johannes der Täufer sowie Johannes der Evangelist dargestellt und als Krönung der Kirchenpatron, der hl. Georg als Drachentöter.

Totenschild mit Wappen, Inschrift und Bildnis an der Orgelempore.

Wir wenden uns nun dem Mittelschiff des Chors zu, in dessen Zentrum der barocke Hochaltar steht. Der spätgotische Schrein (1462) des Malers Herlin war 1683 im Stil jener Zeit ummantelt worden, die Seitenflügel und der hohe Fialenaufbau entfernt. Die Herlin-Gemälde der Seitenflügel sind heute im Stadtmuseum zu bewundern. Vom ursprünglichen Altar stammen jedoch die sehr qualitätvollen Schnitzfiguren der Maria, des Johannes und der außen aufgestellten Kirchenpatrone (die Heiligen Georg und Maria Magdalena) sowie besonders des Gekreuzigten, die künstlerisch hochstehend anzusiedeln sind und dem

St. Georgskirche: barocker Hochaltar mit den gotischen Figuren des 15. Jahrhunderts. Links die Heiligen Georg und Maria, rechts Johannes und Maria Magdalena.

berühmten holländischen Meister Nikolaus Gerhaert von Leiden zugeschrieben werden.

Ebenso wie das Chorgestühl entstand der Taufstein zur Zeit des Kirchenbaus um 1500. Mittels einer Feuerstelle im Fuß des Steins konnte das Taufwasser erwärmt werden. Wie bei der Kanzel fügte man in der Barockzeit einen Dekkel hinzu, von dem jedoch nur noch die Figur Johannes des Täufers erhalten ist. Sie steht heute auf einem Sockel an einer der benachbarten Säulen, den Blick auf den Taufstein gerichtet. Schauen wir nun hinauf zum Netzrippengewölbe des Chorschlusses, so gewahren wir ansehnliche Fresken (1497) mit der Madonna und den beiden Kirchenheiligen, den Symbolen der Evangelisten und dem Schweißtuch der Veronika. Bemerkenswert sind auch die Schlußsteine mit Wappen von Förderern des Kirchenbaus, meist Zünften.

Zwischen den beiden Reihen des Chorgestühls hindurch bewegen wir uns in Richtung Langhaus. Die hohen Rückwände des Gestühls sind von Baldachinen bekrönt, die Stuhlwangen kunstvoll mit Propheten und Fabeltieren verziert. Das Gesamtwerk wird dem einheimischen Kunstschreiner Hans Tauberschmid zugeschrieben, der um 1500 in Nördlingen eine Werkstatt betrieb.

Nach dem Verlassen des Chorraums halten wir uns rechts und folgen dem nördlichen Seitenschiff. Gleich im ersten Joch des Langhauses steht das ur-

Bildtafel im Schrein des ursprünglichen Hochaltars (1462).

sprüngliche Gehäuse des Hochaltars, die einstige Rückseite nach vorn gekehrt. 1462 geschaffen und bemalt von Friedrich Herlin, war es 1683 barock umgewandelt worden. Bei der Renovierung des Hochaltars 1971/73 wurde das spätgotische Gehäuse wieder ans Tageslicht gebracht und restauriert. Es ist zweimal mit der Signatur Herlins und der Jahreszahl 1462 versehen. Dennoch gehen Kenner davon aus, daß die 11 Gemälde nicht vom Künstler selbst stammen.

Die benachbarte Lauingerkapelle trägt ihren Namen nach ihrem Stifter, Narziß Lauinger, dessen Grabdenkmal aus rotem Marmor in die Wand eingelassen ist. Darüber ist das Mittelteil eines Altars von 1521 zu erkennen, dessen Flügel, wie die des Hauptaltars, im Stadtmuseum ausgestellt sind. Die figurenreiche, farbenprächtige Szene zeigt die Beweinung Christi; links und rechts davon erkennen wir den Apostel Paulus und Kaiser Konstantin. Die Altarbilder stammen vom bekannten Maler Hans

Schäufelinaltar in der Lauingerkapelle: Beweinung Christi.

Schäufelin, der wohl aus Nürnberg stammte und 1515 das Nördlinger Bürgerrecht erlangte. Er schuf kunstvolle Tafelbilder und Fresken im Stil der Renaissance. Drei Holzfiguren (um 1470) stellen die Madonna sowie die Heiligen Ulrich und Afra dar, das Kruzifix entstand um 1500.
Der zuvor beschriebene Schäufelinaltar hatte früher seinen Platz in der nun folgenden Zieglerkapelle, in der ein Epitaph von Johann Melchior Welsch an die wechselvolle Zeit des 30-jährigen Krieges erinnert: Als Stadthauptmann hatte er sich 1634 bei der ruhmreichen Verteidigung Nördlingens ausgezeichnet, 1648 erlag er im Anschluß an die letzte Aktion des Krieges einer Schußverletzung. Seit 1646 Bürgermeister, hatte er sich am sogenannten „Kuhkrieg" beteiligt, nachdem „feindliche Parteien das Stadtvieh hinweggetrieben", wie die Grabinschrift verkündet.

Epitaph des Jörg Mayer (†1583) mit Jonas und dem Wal.

Bevor wir die Kirche durch die Markttür wieder verlassen, werfen wir einen Blick auf ein weiteres interessantes Epitaph daneben, das an Jörg Mayer (gest. 1583) erinnert. Darauf ist Jonas mit dem Wal abgebildet, Sinnbild der Auferstehung.

Am Marktplatz

Nördlich der Georgskirche erstreckt sich der Marktplatz, im Mittelalter alljährlich 10 Tage lang einer der belebten Plätze der bedeutenden Messe. Zu den städtischen Gebäuden, die dann als Ausstellungs- und Lagerhäuser dienten, gehörte auch der stattliche Fachwerkbau der „Metzig". Erbaut 1363, beherbergte das Erdgeschoß die Verkaufsräume der Nördlinger Metzger. Zu Messezeiten war es mit dem benachbarten **Tanzhaus** ❷ im 1. Obergeschoß durch eine Brücke verbunden, so daß eine große zusammenhängende Verkaufsfläche vor allem für die zahlreichen Tuchhändler entstand. Das repräsentative städtische Gebäude zeugt von der Bedeutung des Handels für die Reichsstadt. Außerhalb der Messezeiten feierten die vornehmen Familien im 1. Obergeschoß ihre Feste. Da die kleineren Läden im Erdgeschoß den Bäckern vorbehalten waren, hieß das Gebäude Brot- und Tanzhaus. Prachtvolles Fachwerk belebt das 2. Obergeschoß und die Giebelseiten. Zur Marktseite reihen sich auch heute noch Läden und Boutiquen, über die eine Statue Kaiser Maximilians I. wacht, eines besonderen Gönners der Stadt. Er ist mit Krone und Ritterrüstung, Schwert und Reichsapfel dargestellt, über seinem Haupt das Habsburger Wappen. Während die Statue laut Inschrift 1513 angebracht wurde, ist das Gebäude selbst bereits 1442-44 unter der Leitung von Hans Tübinger und Kirchenbaumeister Nikolaus Eseler entstanden. Nach Norden schließt sich das Hohe Haus an, das bereits 1304 urkundlich erwähnt ist. Zunächst hatte der sieben-

Das Brot- und Tanzhaus (1442-44) diente einst als Messekaufhaus. Sein 1. Obergeschoß auch als Festsaal. Im Hintergrund das Hohe Haus (1304).

Brot- und Tanzhaus: Statue Kaiser Maximilians I., des „letzten Ritters".

Blick über den Marktplatz mit den historischen Bauten: Brot- und Tanzhaus sowie Rathaus.

stöckige Bau als Wohnturm gedient, im späteren Mittelalter nutzten ihn die Kaufleute als Warenlager.

Schräg gegenüber dem Tanzhaus präsentiert sich die einstige Fürstenherberge - heute Gasthaus „Zur Sonne" - wieder in prächtiger Aufmachung. Hier waren bedeutende Persönlichkeiten zu Gast wie die Kaiser Friedrich III. (1495), sein Sohn Maximilian I. (1489, 1495/96, 1500) und Karl V. (1548), später Johann Wolfgang von Goethe (1788) und die amerikanischen Astronauten für das Apollo-Mondprogramm (1970). Laut Inschrift war das Gebäude 1350 erbaut und seit 1405, durch Urkunden bestätigt, als kaiserliche Herberge genutzt worden.

Nach Norden schließt sich freistehend am Marktplatz das **Rathaus** ❸ an. Bereits 1313 ist der Verkauf des Gebäudes durch die Grafen von Oettingen an das Kloster Heilsbronn belegt, und es wurde als Messekaufhaus genutzt. 1382 mietete die Reichsstadt zunächst das „steinerne Haus" und nutzt es seitdem ununterbrochen als Rathaus. Nachdem es in städtischen Besitz übergegangen war, wurde es dem Ansehen der Stadt entsprechend ausgebaut: Um 1500 kamen das 2. Obergeschoß und der Giebelerker hinzu, 1509 der Schatzturm samt zwei Erkern an den Längsseiten, 1618 schließlich statt einer Holztreppe der repräsentative Renaissance-Aufgang an der Südostecke, der noch typische Schmuckelemente der Spätgotik aufweist. Unter der Treppe führt eine hölzerne Tür zu den einstigen Verliesen im Rathauskeller. Wo heute ein Schelm mit Narrenkappe, der „Narrenspiegel", den Besucher verwundert, war im Mittelalter ein vergittertes Narrenhäuschen eingerichtet. Hier mußten sich kleinere Übeltäter stundenlang dem Spott ihrer Mitmenschen aussetzen. Der kurze

Der „Narrenspiegel" an der Renaissance-Treppe des Rathauses.

Spruch unter dem Brustbild „Nun sind unser zwey" spricht den Beschauer direkt an. Zwei Löwen halten das Stadtwappen in der Bekrönung des Portals, ein weiterer hält auf der benachbarten Säule das Wappen der Familie Welsch. Am oberen Ende der Treppe hat Friedrich Herlin d. J. ein bemerkenswertes Wandbild mit der Göttin der Gerechtigkeit, der Justitia, hinterlassen, wohl zur Mahnung an die Ratsherren.

Ein wertvolles Gemälde des bereits genannten Künstlers Schäufelin, sein einziges erhaltenes Fresko, befindet sich in dem Raum, in dem sich seit Anfang des 16. Jahrhunderts die Delegierten des Schwäbischen Bundes trafen. Das große Wandgemälde (1515) stellt das alttestamentliche Thema der Belagerung Bethuliens mit der Enthauptung des Holofernes dar, übertragen in die damalige unruhige Zeit.

Das einstige Messekaufhaus findet seit 1382 als Rathaus der Stadt Verwendung. Zu den zahlreichen Anbauten gehören die Erker, der Schatzturm und die kunstvoll gestaltete Außentreppe im Stil der Renaissance.

Auch der freie Platz zwischen der Rückfront des Rathauses und dem schlichten **Leihhaus** ❹ wurde in früheren Jahren genutzt. Hier fand der Geflügelmarkt statt, der sich vor allem in der Vorweihnachtszeit mit den zahlreichen Mastgänsen des Rieses großer Beliebtheit erfreute. Das Gebäude selbst wurde 1522 erbaut und diente zu Messezeiten den Tuchhändlern als Ausstellungs- und Verkaufsfläche. Zwischen 1851 und 1873 war es Leih- und Pfandhaus, wie sein heutiger Name besagt. Nach wechselvoller Nutzung durch viele städtische Behörden ist hier heute u.a. das Verkehrsamt (Tourist information) untergebracht, das Nördlingens auswärtige Besucher betreut. Hier beginnen auch die regelmäßigen Stadtführungen zu den Sehenswürdigkeiten der alten Freien Reichsstadt.

Am Tändelmarkt

Der freie Platz zwischen Rathaus und Leihhaus grenzt im Norden an die Eisengasse, benannt nach dem früher dort ansässigen Eisenhändlern. Wir beachten besonders die Häuser Nummer 1 (15. Jh., dreigeschossiger Bau mit Walmdach und klassizistischer Haustür) und 6, das repräsentative Schneidtsche Haus. Der ebenfalls dreigeschossige Bau wurde nach dem Großbrand von 1563 errichtet und diente während des 30-jährigen Krieges dem Schwedenkönig Gustav Adolf (24./25.9. 1632) als Logis. Im Vorgängerbau, der einst dem Reichsvizekanzler Nikolaus Ziegler gehörte, wohnte 1513 Kaiser Maximilian I., genannt der „letzte Ritter“.

Wir folgen der Eisengasse wenige Me-

Historische Häuser am Hafen- und Tändelmarkt: Der Treppengiebel gehört zum „Klösterle“, einer früheren Klosteranlage.

Die repräsentative Fassade des „Klösterle", das zunächst als Klosterkirche und später als städtischer Kornspeicher diente. Heute ist hier Nördlingens Stadtsaal untergebracht.

ter nach rechts bis zur nächsten Straßeneinmündung und blicken auf die ansehnlichen Giebelhäuser der Löpsinger Straße (Nr. 2,4,6). Ebenso gefällt das schön renovierte Eckhaus zum Hafenmarkt (Nr. 2). Nördlich schließt sich das Kaisheimer Haus an, das zwischen 1278 und 1802 Kastenhaus des gleichnamigen Reichsstifts war und seitdem verschiedenen bayerischen Ämtern als Domizil diente. Das jetzige Amtsgerichtsgebäude erhielt seine heutige Form nach dem Stadtbrand von 1646. Auf dem heute freien Platz, dem Hafenmarkt, stand seit 1425 eines der ältesten Messehäuser Deutschlands, das **Kürschner- oder Hafenhaus** ❺. Von ihm blieben nach dem Brand vom

3.5.1955 nur die Grundmauern erhalten und markieren den Mittelpunkt des einstigen Messe- und Geschäftsviertels. Altersgebeugte Fachwerkhäuser geben dem Platz einen historischen Rahmen. Nach Norden geht der Hafenmarkt in den Tändelmarkt über, an dessen Nordwestecke das stattliche Gebäude des **„Klösterle“** ❻ hervorsticht. Ursprünglich war es als Kirche der Franziskaner entstanden, die 1233 hier ein Kloster erbauten und sich vornehmlich um die Versorgung von Armen und Kranken verdient machten. Nach dem Niedergang des Ordens während der Reformationszeit erwarb die Stadt 1536 die Gebäude und ließ die Klosterkirche 1584-87 in einen Kornspeicher umbauen. Dabei legte man den Chor nieder

Klösterle, Südportal: Löwen halten das Wappenschild.

und schloß den Bau mit dem repräsentativen Treppengiebel ab. Paarweise angeordnete rechteckige Fenster harmonieren dort wirkungsvoll mit der Reihe der fünf rundbogigen Luken, dem Ladebalken und den drei ebenso geformten Portalen. Voluten und drei Rundfenster bilden einen zusätzlichen Schmuck des Giebelfelds, an dem die Gliederung in sechs Schüttböden noch klar ersichtlich ist. Mit diesem Umbau entstand auch das Portal auf der Südseite mit seinem reichen figürlichen Schmuck: Über vier Baumeistern halten zwei Löwen das Nördlinger Wappen mit dem Adler. Beim letzten Umbau (1975) wurde der ehemalige Speicher in einen Stadtsaal und ein Hotel/Restaurant umgewandelt.

Im Gerberviertel

Wir gehen an der Nordseite des Tändelmarkts zurück und gelangen, vorbei am modernen Gebäude des Finanzamts, zur Manggasse, der wir nach links folgen. Das Eckhaus Manggasse/Vordere Gerbergasse hat sich im Laufe der Jahrhunderte so stark verformt, daß sich der Betrachter unwillkürlich fragt, wie der Alltag in solch einem Gebäude wohl aussehen mag. Gegenüber erhebt sich das Lippacher-Haus, Nr. 25, eines der typischen Häuser des **Gerberviertels** ❼. Zur Zunft der Gerber gehörten während der reichsstädtischen Blütezeit viele wohlhabende Bürger, deren stattliche Häuser durch große Trockenspeicher

Handwerkerhäuser in der Vorderen Gerbergasse.

Das Lippacher-Haus verkörpert den typischen Baustil der Gerberhäuser mit Trockenspeichern unter dem Ladebalken.

und -galerien gekennzeichnet sind. Den Ladebalken über den Luken schützt ein origineller Schopfwalm.

Wir halten uns zunächst rechts und gelangen, zwischen dem schönen Fachwerkgiebel des Hauses Nr. 31 und dem liebreizenden, malerisch bewachsenen Häuschen Nr. 28 hindurch, zur

Wasserrad der Neumühle.

Mühlgasse. Das repräsentative Eckhaus links leitet uns zum nahen Egerkanal, der den großen Wasserbedarf der Gerber deckte. Von der Brücke aus sehen wir links die **Neumühle** ❽, deren unterschlächtiges Wasserrad noch erhalten ist, rechts die Maueröffnung, die dem Kanal das Verlassen der Altstadt ermöglicht. Diese Schwachstelle der Stadtverteidigung schützte der schmucklose Untere Wasserturm.

Nach Nordwesten folgt der eigenwillige **Spitzturm** ❾, der außerhalb der Mauer steht und mit dieser durch einen walmbekrönten Anbau verbunden ist. Die angebrachte Hausnummer verrät uns, daß das Gebäude zumindest zeitweise bewohnt war.

Die zweite Gasse links, die Hintere Gerbergasse, führt uns wieder hinein ins romantische Stadtviertel der Gerber-

Liebevoll renoviertes Gerberhaus mit Trockengalerien.

zunft. An der Einmündung zur Mittleren Gerbergasse steht ein weiteres, schönes Gerberhaus mit mehrstöckigem Holzgiebel und Galerien, laut Inschrift 1546 erbaut.

Das Spital

An der Eger entlang blicken wir auf die Gebäude des einstigen Spitals „Zum Heiligen Geist", biegen jedoch zunächst davor rechts ab und besuchen das **Rieskratermuseum ⑩**. Im früheren Holzhofstadel (1503) des Spitals richtete die Stadt Nördlingen eines der modernsten Geologiemuseen der Welt ein, das mit Hilfe von Schautafeln, Gesteinsproben, Dias, Modellen und TV-Shows dem Besucher ein eindrucksvolles Bild der Ries-Katastrophe und der folgenden Landschaftsveränderungen liefert.
So stellte sich in den ersten etwa 2 Mill. Jahren nach der Kraterbildung ein amphibisches Milieu ein: Zeitweise existierte ein großer, flacher See, der durch die geringen Zuflüsse und die hohe Verdunstungsrate phasenweise auch wieder verschwand. In dieser Zeit lagerten sich Seetone, Mergel und Kalke ab. Nach der endgültigen Verlandung des Sees war der Krater so weit aufgefüllt, daß er sich kaum mehr von seiner Umgebung abhob. Erst die tektonisch bedingte Hebung der Alb im ausgehenden Tertiär und die damit verbundene Tiefenerosion der Flüsse legten das Riesbecken wieder frei. Seine heutige Oberflächengestalt erhielt die Landschaft durch Formungsprozesse während der Eiszeiten (Pleistozän).
Von den ca. 140 bekannten Meteoritenkratern der Erde ist das Ries einer der eindrucksvollsten. Dies dürfte auch der Grund für die NASA gewesen sein, die Besatzungen von „Apollo 14" und „Apollo 17" zur Ausbildung in das Ries zu schicken, um auf diese Weise den

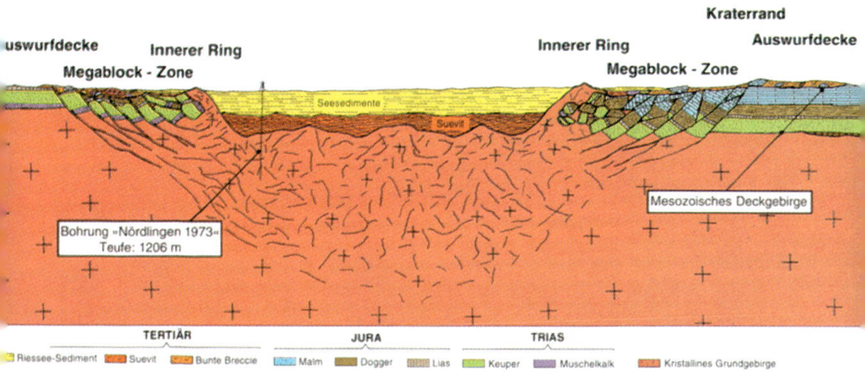

Geologisches Profil durch das Ries. ▲

▼ *Bahnen von Himmelskörpern um die Sonne.*

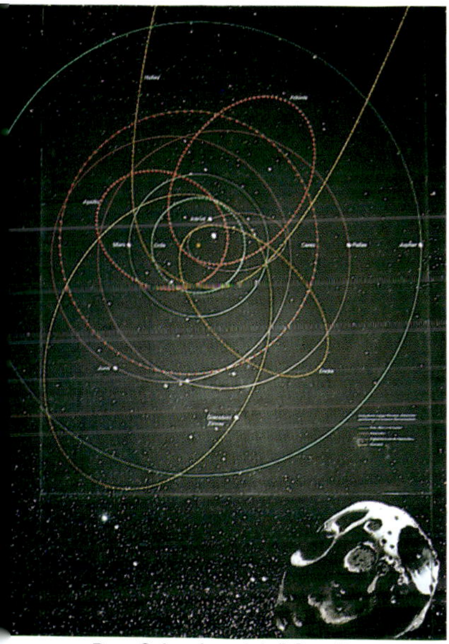

▲ *Räumliche Darstellung des Riesereignisses in Raum D.*

▼ *Der „Schwabenstein" Suevit.*

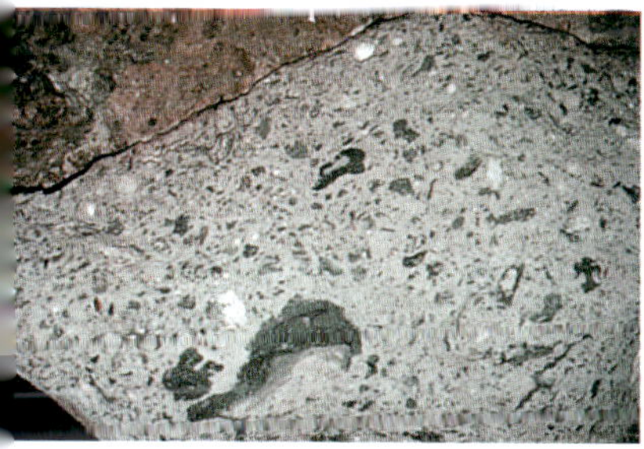

Moldavite, „Langstreckengeschosse" ▼ *vom Ries, gefunden in Böhmen und Mähren.*

Information

Rieskrater-Museum:
Geöffnet von 10 - 12 Uhr
und von 13.30 - 16.30 Uhr.
Montags geschlossen.
Tel. 09081/273822-0,
Fax 273822-20.

Astronauten ein optimales Feldtraining zu geben.
Mit dem Auffinden von Hochdruckmineralien (z.B. Coesit) ist es seit 1961 endgültig erwiesen, daß die fruchtbare, fast kreisrunde Senke des Ries, zwischen der Schwäbischen und der Fränkischen Alb gelegen, ihre Entstehung einem gewaltigen Meteoriteneinschlag verdankt. Ein planetarer Gesteinskörper von etwa 1 km Durchmesser traf vor etwa 15 Millionen Jahren mit einer Geschwindigkeit von mindestens 70000 km/h auf und riß dabei einen Krater von ca. 4500 m Tiefe sowie 13 km oberem Durchmesser in die Erdkruste. Durch die folgenden Ausgleichsbewegungen hob sich der Kraterboden, so daß er nur noch ca. 800 m unter der Alboberfläche war. Dabei wuchs der Kraterdurchmesser auf 25 km an. Die beim Aufprall eingebrachte Energie ließ den Meteoriten und 2 - 3 km^3 des direkt getroffenen Gesteins verdampfen, weiter entferntes schmelzen oder auch nur zertrümmern und nach außen werfen, so daß sich ein erhöhter Kraterrand bildete. In der Schmelzzone entstanden dabei unterschiedliche neue Gesteine. Eines der wichtigsten ist der „Suevit“ (Schwabenstein), eine sogenannte Gesteinsbreccie, die aus Trümmerprodukten und geschmolzenen Gesteinspartien („Flädle“) aufgebaut ist. Dieses Gestein verwendeten die Nördlinger u.a. zum Bau ihrer Hauptkirche und des Rathauses.
Sowohl für den Fachgeologen wie für den geologisch interessierten Laien finden sich vielfältige Möglichkeiten, den Spuren der Rieskatastrophe zu folgen. Dazu bietet das Rieskratermuseum Gelegenheit, wo man das Riesgeschehen entweder selbst oder in Form von Führungen erkunden kann, oder man bucht über das Museum Geländeführungen zu den wichtigsten Aufschlüssen - meist ehemaligen Steinbrüchen - in und außerhalb des Rieses.

Nur wenige Meter sind es zurück zum **Spitalhof** ⓫ inmitten einer ausgedehnten Anlage. Gegründet 1233 von einer Bruderschaft, die sich dem Krankendienst verschrieben hatte, gelangte sie Mitte des 13. Jahrhunderts unter städtische Verwaltung. Durch zahlreiche Stiftungen mehrte sich der Besitz in und um Nördlingen, so daß im 14. Jahrhundert auch viele arme Menschen hier

Stadtmuseum: „Die Trommlerin von Varennes“ (J. Squindo, um 1880).

ernährt werden konnten. Geistliches (und bauliches) Zentrum war die schlichte kleine Kirche aus der Gründungszeit des Spitals mit qualitätvollen Wandmalereien aus dem 14. Jahrhundert. Die beiden Gebäude links (15./16. Jh.), einst Krankenhaus und Brauhaus, beherbergen heute das **Stadtmuseum** ⓬. In seiner vor- und frühgeschichtlichen Abteilung sind u.a. altsteinzeitliche Funde aus den nahen Ofnethöhlen zu sehen, die durch ihre „Schädelnester“ berühmt wurden.

▲ ***Stadtmuseum:*** ***Tafel des Georgsaltars (1462, Fr. Herlin).***

Während als Werke der Kunstgeschichte die spätgotischen Tafelmalereien Herlins und Schäufelins herausragen, ist die Stadtgeschichte u.a. durch mittelalterliche Waffen, Einrichtungsgegenstände, Zeugnisse der Gerichtsbarkeit - mit Dokumenten zur Hexenverfolgung - und mit einem großen Diorama vertreten, in dem mit 6000 Zinnsoldaten der Truppenaufmarsch der „Schlacht bei Nördlingen" nachgestellt wurde.
Südlich an das einstige Krankenhaus ist der dekorative Renaissancebau des Bürgerheims angebaut, den zwei Eck- und ein Mittelerker zieren. Die Traufseite

Der stattliche Bau des Bürgerheims gehörte einst zum Spital. Links der Turm der Spitalkirche. ▼

Information

Offnungszeiten Stadtmuseum:
Ostermontag bis Mitte Oktober Di-So 13.30 - 16.30 Uhr.
Montags geschlossen.
Telefon 09081/273823-0

Ein kurzer Abstecher in die Herrengasse - in Verlängerung der Vorderen Gerbergasse - führt zu diesem romantischen Gebäude an der „Roßwette", der früheren Pferdetränke.

liegt an der Vorderen Gerbergasse, die den Ring der ältesten Stadtmauer, der „Staufermauer", markiert. Wie in vielen mittelalterlichen Städten lag also das Spital ursprünglich außerhalb der Befestigung, konnte sich daher auch gut ausdehnen. Der Eckerker zur Baldinger Straße trägt das Stadtwappen, die Jahreszahl 1564 sowie den Namen des Spitalmeisters (Marix Grambos) und die Initialen „C W" für den Baumeister Caspar Walberger.

Hier überqueren wir die Baldinger Straße, wo wir auf die ehemalige Pfisterei stoßen. So nannte man im bayerisch-alemannischen Raum die Bäckerei, die für ein Kloster, einen Fürsten oder eine öffentliche Einrichtung arbeitete. Während wir uns ein wenig in Richtung Stadttor bewegen, betrachten wir die gegenüberliegende Häuserfront mit dem Westgiebel der Spitalkirche und links den gotischen Eingang mit einer Darstellung des knienden Stifters und der Jahreszahl 1475. Sie gehören zur Spitalmühle, die sich mit den übrigen Wirtschaftsgebäuden des Komplexes westlich der Baldinger Straße erstreckt. Am Hofeingang folgen wir der langen Traufseite der Mühle mit ihrem ansehnlichen, vorkragenden Fachwerk im 2. Obergeschoß und an den Erkern, bis uns die lange Front des Feuerwehrgerätehauses in Richtung Stadtmauer lenkt. Dort biegen wir nach rechts ab und ersteigen kurz vor dem **Baldinger Tor ⓭** die Stadtmauer, der wir in Richtung des Aufgangs nach Westen folgen.

Der langgestreckte Bau der Spitalmühle.

Stich (19. Jh.) mit dem Originaltext: „Das alte Baldinger Thor mit der Judenmauer in Nördlingen, demoliert 1821".

Blick vom Wall auf die Stadtmauer und einen der Backofentürme.

Idylle an der Eger.

Auf der Stadtmauer

Rechts geben Schießscharten und größere Maueröffnungen immer wieder den Blick frei auf Gartenanlagen, die im einstigen Stadtgraben angelegt sind. Drei außen angesetzte **„Backofentürme“ ⓮** (16. Jh.) verstärkten die Wehrhaftigkeit der an diesem Punkt recht hohen Stadtmauer. Eine besonders malerische Ansicht ergibt sich über den Spitalhof mit der Mühle und dem hoch aufragenden Daniel. Unterhalb des Wehrgangs lehnen sich schmale Häuschen an die Mauer. Sie heißen Kasarmen und wurden in unsicheren Zeiten wahrscheinlich von Soldaten bewohnt. Vor uns taucht der nächste größere Wehrturm auf, der **Obere Wasserturm ⓯**. Er entstand 1469/71 und diente sowohl zur Verteidigung der Nord- und Westflanke als auch des Egerkanals, der an dieser Stelle ins Stadtgebiet fließt.

Kurz hinter dem Wehrturm endet die Überdachung des Wehrgangs, dem wir jedoch weiterhin folgen. In diesem Bereich war die Stadtmauer einst zu einer Geschützbrüstung verbreitert, was zusammen mit dem Oberen Wasserturm und zwei weiteren Wehrtürmen die Abwehrmöglichkeiten gegen den Emmeramsberg verbesserte. Im Zentrum steht der **Löwen- oder Pulverturm ⓰** (1535), ein Batterieturm mit Stelzendach, auf hufeisenförmigem Grundriß weit in den Stadtgraben vorgezogen. Die linke Flanke bildete das **Berger Tor ⓱**, das seit 1362 den alten Torturm der Staufermauer ersetzte und 1574/75 durch das wappengeschmückte Vortor erweitert wurde. Wie bei den meisten Geschütztürmen Nördlingens fällt die wulstbewehrte Plattform des obersten Geschosses auf, die hier gleich zweimal vorhanden ist.

Blick vom Berger Tor zum Stadtzentrum mit dem "Daniel".

Eines der wehrhaftesten Stadttore war das Berger Tor, das man 1574/75 in der heute erhaltenen Form ausbaute. Damals entstand auch das wappengeschmückte Vortor.

Zurück zum Marktplatz

Hinter dem Turmdurchgang verlassen wir die Krone der Stadtmauer, folgen ihr aber, vorbei an zierlichen Wohnhäusern, bis zur Bräugasse. Von ihr biegen wir links in die Lange Gasse ein, wo wir, gleich hinter der Salvatorkirche, links die **Seelhäuser** ⓲ vor uns haben. Sie gehen auf eine Stiftung der Familien Strauß-Frick-

„Kasarmen" schmiegen sich eng an die Wehrmauer.

hinger aus dem Jahr 1453 zurück und boten 12 kleine Wohnungen für alleinstehende, bedürftige Frauen. In ihrer Verlängerung steht einer der imposanten Wehrtürme der Stadt, der **Feilturm** ⓳.

Salvatorkirche:
Westportal (1420) mit einer Darstellung des Jüngsten Gerichts.

Über einem älteren Geschoß von quadratischem Grundriß erhebt sich ein zweistöckiger Rundturm.
Wir aber betrachten nun die **Salvatorkirche** ⓴ näher. Als Wallfahrts- und Klosterkirche der Karmeliter 1422 geweiht, gelangte sie 1562 in den Besitz der Stadt. Diese überließ sie 1825 der katholischen Gemeinde, die noch heute hier ihre Gottesdienste abhält. Die betont schlichte Kirche zieren außen lediglich ein bescheidener Dachreiter sowie ein gotisches Portal an der Westseite, das in der Erbauungszeit um 1420 entstand und deutlich die Stilmerkmale der Baumeisterfamilie der Parler zeigt. Das Bogenfeld mit einer Darstellung des Jüngsten Gerichts wird flankiert von 6 Prophetenfiguren unter Maßwerkbaldachinen sowie einem Krappenfries im äußeren Bogen. Rechts davon schließt sich das ehemalige Kloster, heute Pfarrhaus, an. Darin integriert ist der einstige Südflügel des Kreuzgangs, dessen östliche Fortsetzung noch heute die Verbindung zur Kirche bildet. In ihrem Innern sind neben der Steinfigur des Christus als Schmerzensmann (um 1400), den Reliefs am Marienaltar (15 Jh.) und den 11 Figuren des alten Hochaltars (spätes

Das Winter'sche Haus mit seiner aufwendig geschnitzten, wertvollen Holztür und dem bronzenen Türklopfer.

15. Jh.) vor allem der wertvolle Hochaltar zu erwähnen, der 1497 in Nürnberg gefertigt wurde und 1827 aus der St.-Michaels-Kirche in Fürth erworben werden konnte.

Von der Nordseite der Kirche gelangen wir über die Bürggasse und, nach rechts abbiegend, die Bräugasse zu einem bemerkenswerten Fachwerkbau, dem **Winterschen Haus** ㉑. Hinter dem stilvollen Garten und den blumenberankten Galerien erheben sich über dem gemauerten Erdgeschoß zwei vorkragende Stockwerke mit qualitätvollem Fachwerk, das sich am Giebel fortsetzt. Das schlichte Erdgeschoß wird durch eine kunstvoll geschnitzte Holztür belebt, die die Inschrift „Soli Deo Gloria" und die Jahreszahl 1697 trägt, sowie einen prächtig geschnitzten und bemalten Eckpfosten. Ihn schützt ein origineller moderner Eckstein - auch „Hundsbrunzer" genannt - , der dem Vorübergehenden die Zunge ausstreckt.

An der Traufseite des herrlichen Gebäudes entlang gehen wir in Richtung Weinmarkt, den das mächtige **Hallgebäude** ㉒ beherrscht. 1541-43 als städtischer Salz- und Weinspeicher errichtet, diente es ebenso als Kornhaus, ehe es in jüngster Zeit das städtische Archiv sowie eine Schule aufnahm. Vier dekorative Erker beleben die Ecken der beiden Obergeschosse, waagerecht durch Gesimse

Das mächtige Hallgebäude entstand 1541-43 als Salz- und Weinlager der Stadt. Sehr dekorativ wirken die vier Erker, von denen zwei das Stadtwappen tragen.

unterteilt. Zwei der Erker tragen das Stadtwappen sowie die Jahreszahl 1542 und künden stolz der Nachwelt von der einstigen Finanzkraft der Kommune, die sich auch in den stattlichen Bürgerhäusern ausdrückt (Weinmarkt Nr. 2-4, 7,8 und 10).

An eine weniger ruhmreiche Zeit, dafür an eine außergewöhnlich tapfere Frau, erinnert ein schlichter Brunnen vor dem Haus Nr. 7: In den Jahren 1589-98 fanden in Nördlingen zahlreiche Hexenprozesse statt, denen 35 Menschen zum Opfer fielen. Erst die unglaubliche Willenskraft der Kronenwirtin Maria Holl, die den schärfsten Torturen widerstand, setzte dem unmenschlichen Wahnsinn ein Ende und rettete wahrscheinlich zahlreiche weitere Menschenleben.

Auch in der Polizeigasse haben sich bemerkenswerte reichsstädtische Bürgerhäuser erhalten, die stolz ihre Giebelseite präsentieren. Eines der ältesten ist die heutige Einhorn-Apotheke von 1660, in späteren Jahrhunderten mehrfach erneuert. Die Apotheke gab es an anderer Stelle sogar bereits im Jahr 1440. Der noch höhere Giebel des Tanzhauses markiert den Beginn des Marktplatzes, wo wir wiederum auf die hübsche Fassade des Hotels „Sonne" stoßen. Daneben steht ein altes Geschäftshaus (Nr. 4), dessen Vorgängerbau bereits 1390 erwähnt wurde. Hier endet unser erster Rundgang durch Nördlingens Altstadt.

Stolze Bürgerhäuser am Weinmarkt zeugen vom Wohlstand der Bevölkerung zur Zeit der Renaissance (16. Jh.).

Blick durch die Polizeigasse in Richtung Weinmarkt.

Ausleger mit Zunftzeichen eines Handwerksbetriebs.

Ein Rundgang um die Stadtmauer

Unsere Wanderung rund um die 2600 m lange Stadtbefestigung beginnt wieder am Marktplatz, dem Zentrum der Altstadt. In Verlängerung des Chors der St.-Georgs-Kirche, mitten auf dem Rübenmarkt, steht seit 1902 der **Kriegerbrunnen** ㉓ am Platz eines früheren Judenbrunnens. Er ist den Gefallenen des

Der Kriegerbrunnen (1902, Georg Wrba) auf dem Rübenmarkt.

Krieges von 1870/71 gewidmet. Das adlerbekrönte Kunstwerk des Münchner Bildhauers Wrba gefällt durch seine einzigartigen Jugendstilelemente wie den Bronzefiguren als Halterung der eisernen Absperrung.
Hier beginnt die Fußgängerzone der Schrannenstraße, die uns zum Viehmarkt führt. Ein neuzeitlicher Brunnen mit zwei Bauern, diversem Vieh und Gemüse symbolisiert die einstigen Geschäfte, die hier getätigt wurden. An den fünf Säulen hat man die wichtigsten Daten der Stadtgeschichte festgehalten. Nach Nordosten schließen sich die langgestreckten Gebäude der ehemaligen **Kornschrannen** ㉔ an, deren zweites Gebäude (19. Jh.) für ein Geldinstitut ausgebaut wurde. Bemerkenswert sind auch einige der abwechslungsreich gestalteten Fassaden (Nr. 5, 7, 19) der Straße „Bei den Kornschrannen“, die beiderseits der Schrannen verläuft. Am Ende des zweiten Gebäudes treffen wir auf die Löpsinger Straße. Von diesem Platz nach rechts blickend, können wir leicht das Ausmaß der Stadterweiterung des 14. Jahrhunderts ablesen, die sich ab 1327 nach allen Seiten ziemlich gleichmäßig vollzog.
Mit dem **Löpsinger Tor** ㉕ erreichen wir eine der fünf erhaltenen Stadteinfahrten, hier die aus Richtung Nürnberg. Der Turm wurde vor 1388 erbaut, jedoch 1592 abgetragen und in den Folgejahren im Stil des südlich benachbarten Deininger Tors wiedererrichtet. Über dem viergeschossigen Unterbau von quadratischem Grundriß erhebt sich

Marktbrunnen auf dem einstigen Viehmarkt.

Die alte Schranne am Viehmarkt war jahrhundertelang An- und Verkaufsstätte sowie Lagerraum für Getreide.

seitdem ein dreigeschossiger Rundturm mit einer Geschützbrüstung.

Auf dieses Tor bezieht sich die bekannteste Sage Nördlingens: Graf Hans von Oettingen wollte die Reichsstadt überfallen und plündern. Er bestach Türmer und Wächter des Löpsinger Tors, die zusagten, drei Nächte lang die Brücke und das Tor unverriegelt zu lassen. In der dritten Nacht war der Graf mit seinen Kriegsmannen bereits in der Nähe der Stadt. Gleichzeitig arbeitete ein Lodenweber, der beim Tor wohnte, noch am späten Abend. Er schickte seine Frau, ihm einen Krug Bier zu besorgen. Diese beobachtete, wie sich eine herumlaufende Sau an den Türflügeln der Einfahrt rieb und diese dadurch öffnete.

Schmucke Fachwerkfassaden in Nördlingens belebter Altstadt.

Romantische Häuserfront entlang der Fußgängerzone zwischen der historischen Kornschranne, rechts mit Sonnenuhr, im Hintergrund der "Daniel".

Der moderne Brunnen am Viehmarkt zeigt zwei Bauern mit Haustieren und Gemüse.

Das sagenumwobene Löpsinger Tor beherbergt heute das sehenswerte Stadtmauermuseum, wo man in eindrucksvoller Weise die Entwicklung der Wehrmauer dokumentiert.

Sie vertrieb das Tier mit dem Wächterruf „So, G'sell, so" und machte ihren Mann auf die Gefahr aufmerksam. Dieser alarmierte den Bürgermeister und der wiederum die ganze Stadt. Die ungetreuen Torwächter wurden gefangen gesetzt und später gevierteilt, ihre Frauen, die beteiligt waren, ertränkt. So verdankten, der Sage nach, die Nördlinger einer Sau die Rettung ihrer Stadt.
Die Pläne des Grafen Hans von Oettingen sind historisch nicht nachweisbar.

Stadtmauermuseum: „Der Wendelens Thurm (Reißturm), nebst der alten Schanze eine Bierschenke" (Stich 19. Jh.).

Stadtmauermuseum: das Berger Tor mit Stadtmauer und Daniel.

Andererseits aber wurden, laut archivalischer Überlieferung, die Verräter hingerichtet und aus Dankbarkeit um die Errettung alljährlich an einem Gedenktag eine Predigt gehalten, die man im Volk „Saupredigt" nannte.

In den 6 Stockwerken des Turms hat Nördlingen das Stadtmauermuseum eingerichtet. Vor allem in Holzschnitten, Kupferstichen und Aquarellen ist die geschichtliche Entwicklung des spätmittelalterlichen städtischen Mauerrings festgehalten. Moderne Luftbilder zum Vergleich zeigen, daß die Befestigungsanlage - mit Ausnahme der Sternschanzen des 17. Jahrhunderts - noch weitgehend vollständig erhalten blieb. Ein Diorama der Schlacht auf dem Albuch bei Nördlingen 1634 zeigt die Aufstellung der feindlichen Heere mit 3500 handbemalten Zinnfiguren. Eine Modell der Altstadt, Uniformen und eine Kanone (Ende 18. Jh.) versetzen den Besucher in vergangene Jahrhunderte zurück. Von der Turmgalerie genießt er bei entsprechender Wetterlage

Stadtmauermuseum:
Öffnungszeiten: 1. April - 31. Oktober 10.00 - 16.30 Uhr durchgehend.
Telefon 09081/9180.

Romantik an Nördlingens Stadtmauer nahe der Neumühle.

Obstbaumblüte im einstigen Stadtgraben vor dem Spitzturm.

einen faszinierenden Ausblick über die Altstadt und die Riesebene bis hin zu solch markanten Punkten wie den Ipf bei Bopfingen und den Burgfelsen von Wallerstein.

Die nächste Strecke legen wir auf der Stadtmauer zurück und erreichen, vorbei an manch schönen Häusern und einfachen Kasarmen, am Unteren Wasserturm und der Neumühle, am **Spitzturm** und zwei Backofentürmen, das **Baldinger Tor.** Hier verlassen wir den Wehrgang und die Altstadt durch das Stadttor, das einst die Nord-Süd-Handelsstraße in Richtung Würzburg schützte, die heute Romantische Straße heißt. Torturm (1376) und Vorwerk (1406) waren 1430 erneuert worden, im Kriegsjahr 1634 aber so stark beschädigt, daß der Turm 1703 einstürzte. Daraufhin gab man der Anlage die heutige turmlose Form. Außen am Vorwerk grüßt noch immer das reichsstädtische Wappen.

Von hier nehmen wir den Fußweg auf dem einstigen Wall, der als Allee angelegt ist. Der einst etwa 6 m hohe Wall diente als erstes Hindernis für angreifende Feinde. Links von uns befindet sich nun der ehemalige Wassergraben, den die Nördlinger in parkähnliche Gartenanlagen umwandelten. Daran schloß sich eine ca. 5 m hohe Wehrmauer an, die den Zwinger nach außen abgrenzte. Bereits im Mittelalter war dieser in Friedenszeiten als Arbeitsfläche der Gerber und Weber sowie als Bleiche für die weißen Leintücher benutzt worden. Hatte ein Angreifer auch dieses Hindernis überwunden, stand er am Fuß der 8-10 m hohen Wehrmauer. Sie war ursprünglich dachlos, lediglich eine Brustwehr mit Zinnen schützte die Verteidiger. Die Erfindung der Feuerwaffen machte die Dachkonstruktion notwendig, anstelle der Zinnen traten die viel engeren Schießscharten, die oft als Kreuzscharten vorhanden sind. Die größeren Fenster entsprechen den früheren Zinnenöffnungen. Sie gewährten einerseits einen besseren Ausblick, ein weiteres Schußfeld und die Möglichkeit, Angreifer direkt an der Mauer mit heißem Wasser oder Pech zu begießen, andererseits war ihre Benutzung bei massiven Angriffen sehr riskant.

Die Mauer wurde in diesem weniger gefährdeten Abschnitt lediglich durch 5 sogenannte **Backofentürme** ⓮ (16. Jh.) verstärkt, von denen noch 4 erhalten sind. Die zweigeschossigen Wehrbauten sind gegen den Graben hufeisenförmig vorgewölbt, gegen die Mauer jedoch bündig abgeschlossen und ermöglichten ein Bestreichen des Grabens entlang der Stadtmauer.

Am **Oberen Wasserturm** ⓯ erreichen wir den Mauerabschnitt, der durch die Anhöhe des Emmeramsberges am stärksten gefährdet erschien. Hier am Turm überquerte der Egerkanal mittels eines Aquädukts den früher etwa 3,50 m tiefen Wassergraben. Er sicherte ursprünglich die Stadtmauer rundum, während er sie nach einer Abbildung im Jahr 1651 vom Berger Tor bis zum Deininger Tor nur noch zu etwa zwei Dritteln umschloß. Der massige, sechsgeschossige Turm bildete den nördlichen Pfeiler dieses Verteidigungsabschnitts, dessen Zweckbestimmung die malerischen Garten- und Wohnhäuser der heutigen Anlage fast vergessen lassen. In diesem Bereich hatte man im 16. Jahrhundert, gleichzeitig mit dem Ausbau des Oberen Wasserturms und des Berger Tors, die Wehrmauer um ca. 3 m abgetragen und stattdessen eine dachlose Doppelmauer errichtet, die als Geschützwall gegen den Emmeramsberg diente.

Eine zusätzliche Verstärkung bildete der **Löwen- oder Pulverturm** ⓰. Ebenso wie seine Nachbarn ist er mit einer wulstartigen Geschützbrüstung über dem oberen der drei Geschosse versehen. Neben seinem malerischen Efeuschmuck gefallen die Rundbogenfriese, welche die leicht vorragenden Stockwerke auch äußerlich sichtbar trennen. Hier am Löwenturm setzte auch eine der dreieckigen Schanzen an, die man während des 30-jährigen Krieges einigen Mauerabschnitten vorsetzte. Die Spitze gegen den Feind gerichtet, bestanden sie aus etwa 5 m hohen Erdwällen, die nach außen durch eine Mauer gesichert waren. Ihre Besatzung beschoß den

tor hinzufügte. Zwischen beiden Gebäuden sind die Nischen für das Fallgatter zu erkennen. Die Löcher über der Durchfahrt des Vortors dienten zur Abwehr eingedrungener Feinde.

Ab dem Berger Tor folgen wir der Mauer wieder an ihrer Innenseite. Etwa in Höhe der Salvatorkirche stand einst die **Neue Bastei** ㉖. Von dem Wehrbau auf eigenwillig fünfeckigem Grundriß, wenn auch militärisch sinnvoll, ist leider

Blick über den Minigolfplatz auf das wehrhafte Berger Tor, im Hintergrund der massige Löwen- oder Pulverturm.

Gegner von den Grabenanlagen aus relativ geschützter Position. Die Basis der Schanze bildete das **Berger Tor** ⑰ von 1436, dem man bei der Modernisierung 1574/75 die wulstartige Geschützbrüstung sowie das massige Vor-

nichts erhalten geblieben. Dafür gefällt der nahe **Feilturm** ⑲, dessen quadratischem Unterbau (14. Jh.) man zwei runde Obergeschosse aufsetzte. Wenige Meter vor dem Turm führt uns ein Durchlaß wieder in die einstige Graben-

Mauerpartie mit gepflegter Parkanlage und dem gefälligen Feilturm.

Das Freilichttheater in der "Alten Bastei" läßt die Zeit des Mittelalters lebendig werden.

Abschreckend für Feinde wirkte auch das Reimlinger Tor, das den Fremden das Stadtwappen, den wehrhaften Adler, zeigt.

anlage. In diesem Bereich ist der einstige Zwinger noch großenteils erhalten, ebenso die mächtige **Alte Bastei** ㉗ (16. Jh.), die heute als Bühne für Freilichtaufführungen dient. Durch eine gepflegte Parkanlage gelangen wir zum **Reimlinger Tor** ㉘ (14. Jh.), im Unterbau das älteste Stadttor Nördlingens. Erst später kamen die Aufbauten mit der wulstig vorragenden Geschützplattform und der Turmwächterstube hinzu, ebenso das wehrhafte Vorwerk.

Hier erklimmen wir erneut den Wehrgang, dem wir weiterhin in Richtung gegen den Uhrzeigersinn folgen. An der Stadtseite beginnt hier die Münzgasse, in deren stattlichem Eckhaus (rechts) die Nördlinger zwischen 1534 und 1571 ihre eigenen Münzen prägten.

Vorbei am markanten runden **Reißturm** ㉙ (erbaut 1408, umgebaut zum Ge-

Blick vom Wehrgang nahe dem Reimlinger Tor auf das Münzhaus, zwischen 1534 und 1571 Prägestätte der eigenen Münzen.

schützturm 1644/45) erreichen wir mit dem **Deininger Tor** ㉚ das Ende unserer Wehrmauer-Umrundung. Der schlanke Bau diente einst für das benachbarte Löpsinger Tor als architektonisches Vorbild. Als einziger Torturm Nördlingens besaß er keine Geschützplattform und war daher des öfteren Ziel feindlicher Angriffe. Eine Gedenktafel erinnert an die Kampfhandlungen von 1634, als

Der Turm des Deininger Tors sieht dem jüngeren Löpsinger Torturm zum Verwechseln ähnlich.

Nördlingen aus der Luft: Die fast kreisrunde Stadtmauer mit ihren Wehr-

und Tortürmen, vorn das Löpsinger Tor.

eingedrungene kaiserliche Soldaten nur dadurch aus dem Turm vertrieben werden konnten, daß man diesen anzündete. Der heutige Aufbau samt den zwölf Rundbogenfenstern und der geschwungenen Dachhaube entstand noch während der letzten Kriegsjahre (1645/46). Durch die Deininger und die Schrannenstraße gelangen wir auf kürzestem Weg ins Zentrum der Altstadt zurück.

Anmutiges Fachwerk am ehemaligen Pfarrhaus(17. Jh.). Im Nachbarhaus (Pfarrgasse 2) zeigt eine Ausstellung die geschichtliche Entwicklung der optischen und akustischen Medien zwischen 1750 und 1920.

Öffnungszeiten Laterna Magica

geöffnet jeweils Freitag, Samstag und Sonntag von 14 - 17 Uhr und nach telefonischer Vereinbarung. Telefon 09081/28183.

Das bayerische Eisenbahnmuseum Nördlingen

Eine Sehenswürdigkeit bietet die einstige Reichsstadt den zahlreichen Freunden nostalgischer Eisenbahn-Atmosphäre: Auf dem Gelände des ehemaligen Bahnbetriebswerks ist der Verein Bayerisches Eisenbahnmuseum seit 1985 dabei, ein großes Museum mit zahlreichen liebevoll restaurierten Lokomotiven, Waggons und Triebwagen aufzubauen. Die bereits fertiggestellten Maschinen dieser größten privaten Fahrzeugsammlung Bayerns können im Sommer jeden Sonntag besichtigt werden, zusätzlich auch an den „Rieser Dampftagen" im Mai und August.

Der Bahnhof befindet sich im Südosten der Altstadt vor dem Reimlinger bzw. Deininger Tor. Von hier aus ist das Museum, auf der anderen Seite der Bahnschienen gelegen, mit dem Auto durch die nächste Unterführung in Richtung Dinkelsbühl zu erreichen, zu Fuß über eine weithin sichtbare Fußgängerbrücke, die sich in der anderen Richtung über das Bahngelände spannt. Von oben hat man bereits einen umfassenden Blick über zahlreiche Maschinen, die auf ihre Restaurierung warten. Im Gegensatz zu den meisten anderen Museen versucht man hier, das ehemalige Betriebswerk wieder so herzurichten, daß es wie in früheren Zeiten funktioniert. Zur Arbeit dieser ältesten Museumsbahnvereinigung gehört auch die Organisation von Fahrten mit der historischen Museumsbahn nach Dinkelsbühl und Feuchtwangen, nach Gunzenhausen und Ansbach sowie auf einer Anschlußbahn zwischen Monheim und Fünfstetten im Bereich der Schwäbischen Alb. Der Zug ist zumeist dampflokbetrieben und besteht aus nostalgischen Waggons der einstigen 4. Klasse mit einfachen Holzbänken.

Bayerisches Eisenbahnmuseum: Dampflokparade.

Dampfzug des Museumsvereins auf der „Romantischen Schiene"

Historische Veranstaltungen

Zu einer historischen Altstadt wie in Nördlingen gehören auch Veranstaltungen mit oft jahrhundertealter Tradition. So wurde die Pfingstmesse bereits im Jahre 1219 erstmals urkundlich erwähnt. Begünstigt durch die Lage der Stadt im Schnittpunkt zweier Handelsstraßen, entwickelte sie sich im Laufe der Zeit zu der nach Frankfurt bedeutendsten Fernhandelsmesse in Oberdeutschland. Nachdem sich nach der Entdeckung Amerikas (1492) für Europa die Handelswege hin zu den Seehäfen verlagerten, verlor auch die Nördlinger Messe zunehmend an Bedeutung. Geblieben aber sind der Termin (heute ab 2. Samstag nach Pfingsten) sowie der Jahrmarktbetrieb auf der Kaiserwiese, der einst die Handelsmesse begleitete. Den Ausklang des 10-tägigen Festes bildet der „Herrenmontag", der in Nördlingen zum örtlichen Feiertag geworden ist.

Stabenfest: Mädchen mit Blumenschmuck.

Während der Pfingstmesse veranstaltete man im Mittelalter als Attraktion ein Pferderennen, das seit 1438 als Scharlachrennen nachgewiesen ist. Die drei Ersten dieses Flachrennens erhielten neben einer Armbrust und einem Schwert ein größeres Stück eines begehrten roten Tuchs, Scharlach genannt, das damals nur in England und Flandern hergestellt wurde. Von Beginn an fand das Rennen auf der Kaiserwiese statt. Neben dem niederen Adel nahmen selbst Fürsten - persönlich oder unter Einsatz von Jockeys - am Wettbewerb teil. Nachdem es seit dem Bauernkrieg (1525) nicht mehr stattgefunden hatte, wurde das Rennen 1948 wiederbelebt und ist heute eine renommierte Reitsportveranstaltung von überregionaler Bedeutung.

Ebenfalls auf der Kaiserwiese steigt an einem Montag im Mai das Stabenfest, das wie das Scharlachrennen sich bereits im 15. Jahrhundert als Fest der Schuljugend nachweisen läßt. An diesem Tag ziehen die Schüler mit ihren Lehrern in einem Festzug durch die mit Blumen, Fähnchen und frühlingshaftem Grün geschmückten Straßen. Mehrere Musikkapellen, allen voran die bekannte Nördlinger Jugendkapelle, begleiten das immer wieder gesungene Stabenlied. Die Mädchen, oft genug im neuen „Stabenkleid", tragen Blumenkränze, die Knaben Fahnen, Birkenzweige oder blumengeschmückte Stäbe, auf die der Name des Festtages abhebt. Nach einer „Huldigung"- dem Dank an die Stadtväter - am Weinmarkt bewegt sich der Zug hinaus durch das Baldinger Tor zur Kaiserwiese. Das Erklettern von glattgehobelten Baumstämmen mit dem Ziel, einen der dort aufgehängten Preise zu ergattern, erinnert an alte Traditionen. Ein Vergnügungspark sorgt für die Unterhaltung der Kinder, die zusammen mit den Erwachsenen den Rest des Tages verbringen.

Alle drei Jahre schlüpfen an einem Wochenende im September mehr als 1000 Nördlinger in historische Kostüme, um auf diese Weise das Stadtmauerfest in der Altstadt zu begehen und die herbeigereisten Besucher in die Zeit vergangener Jahrhunderte zurückzuver-

setzen. Daneben feiern die Nördlinger noch alljährlich mit ihrem Frühlings- und Herbstmarkt eintägige Feste, die wie die oben genannten sämtlich von der Nördlinger Jugendkapelle musikalisch umrahmt werden, sowie den stimmungsvollen Weihnachtsmarkt, der sich über die gesamte Adventszeit erstreckt.
Anziehungspunkte für Gäste sind auch die „Rieser Kulturtage“ und besonders die Aufführungen der Freilichtbühne Alte Bastei, die an den Wochenenden (Freitag, Samstag, Sonntag) zwischen Ende Juni und Anfang August gegeben werden. 500 Besucher haben auf der Tribüne Platz, die man innerhalb der ehemaligen Bastei (1554) errichtete, und erfreuen sich an den zugkräftigen Volksstücken oder den Werken namhafter Autoren.

Stabenfest:
Zum historischen Festzug gehören auch die Reiter in mittelalterlicher Kleidung.

◀ *Seit 1438 findet das Scharlachrennen statt.*

Festlich geschmückter Viererzug auf der Kaiserwiese. ▶

Historisches Stadtmauerfest. Trachtengruppe.

▲ *Umzug beim Stadtmauerfest: Nördlinger Knabenkapelle.*

◄ *Wettlauf der "Mägde" mit geschürzten Kleidern.*

Aufstellung zum Stabenfest, das der Schuljugend gewidmet ist. ►

◄ *Fahnenträger der Nördlinger Knabenkapelle.*

Ausflüge in die Umgebung

Nördlingen ist idealer Ausgangspunkt für Ausflüge in das Ries und über seinen bewaldeten Rand hinaus. Ein gut ausgebautes Straßennetz wird ergänzt durch günstige Zugverbindungen in fünf Richtungen (s. auch Eisenbahnmuseum) und zahlreiche beschilderte Radwanderwege (Radwanderkarte in den Verkehrsämtern). Das Ausleihen von Fahrrädern ist u.a. in Nördlingen möglich. Wir geben Ihnen hier einige Tourenvorschläge für die Erkundung per Fahrrad, doch können Sie die Etappen oder Teile davon ebenso mit anderen Verkehrsmitteln bewältigen.

Tour 1: Nördlingen (Radweg 6) - Harburg (Rw 1) - Mönchsdeggingen - Hohenaltheim (Rw 1A) - Ederheim - Riesburg/Utzmemmingen (Rw 1) - Nördlingen (ca. 50 km).

Das mittelalterliche Städtchen **Harburg** liegt an der Romantischen Straße zu Füßen der mächtigen gleichnamigen Burg, die sich seit 1250 bis heute im Besitz der Grafen von Oettingen befindet und zu den besterhaltenen in Deutschland zählt. Im Innern sind u.a. kunstvolle Grabdenkmäler der Fürstenfamilie zu besichtigen, ebenso ihre überaus wertvolle Kunstsammlung (gotische Bildteppiche, Miniaturen, Elfenbeintafeln, Schnitzwerke T. Riemenschneiders). Einen Besuch wert ist auch die mittelalterlich enge Altstadt mit schönen Fachwerkhäusern und der romantischen Steinbrücke über die Wörnitz.

Nach 11 km am Rieskraterrand entlang erreichen wir mit **Mönchsdeggingen** einen Ort, der vor allem durch seine prächtige Klosterkirche berühmt ist. Die ältesten Bauteile stammen aus dem 12. Jahrhundert, doch wurde das Gottes-

Blick über die Wörnitzbrücke auf die mittelalterliche Harburg.

Grundmauern eines römischen Gutshofs vor dem Höhenzug "Himmelreich", der durch die Ofnethöhlen bekannt wurde.

haus zwischen 1693 und 1762 im Stil des Barock (Turm und Fassade) bzw. Rokoko (Innenausstattung) umgestaltet. Die zarten Stuckarbeiten harmonieren prächtig mit der stilvollen Architektur und den farbenfrohen Gemälden auf den Deckenflächen, dem Hochaltar und den zwölf Nebenaltären an den Pfeilern des Langhauses. Beachtenswert sind auch die Orgelwerke (beide 17. Jahrh.).

Zwischen **Ederheim** und **Utzmemmingen** passieren wir zwei interessante Orte: die **Ofnethöhlen** bei Holheim, in denen man bedeutende Zeugnisse der Steinzeitkultur fand (besonders die weltberühmten „Schädelnester" mit Köpfen von 33 Menschen, die vor 13000 Jahren hier gelebt hatten, heute im Nördlinger Stadtmuseum zu besichtigen) und den Steinbruch Altenbürg mit dem graufarbenen Gestein Suevit (Schwabenstein), der einst beim Meteoriteneinschlag entstand und später in Nördlingen als Baumaterial z.B. für die Georgskirche Verwendung fand. Noch heute ist der Steinbruch nördlich der B 466 (Schwäbische-Alb-Straße) eine Fundgrube für Profi- und Hobbygeologen, die auch mittels einer Geländeführung ab dem Rieskratermuseum erkundet werden kann. Am Fuß des Ofnet hat man in jüngerer Zeit die Grundmauern eines römischen Gutshofs (2./3. Jh.) ausgegraben.

Tour 2: Nördlingen (Radweg 2) - Alerheim (Rw 1) - Wemding (21 km, Rw 3) - Oettingen - Maihingen - Wallerstein - Kirchheim/Ries - Bopfingen (Rw 1) - Nördlingen (ca. 80 km).
Alternative: ab Wallerstein mit dem Zug (dann nur ca. 56 km).

Nach 21 km (Radweg) bzw. 17 km (Landstraße) erreichen wir mit **Wemding** zugleich den östlichen Rand des Rieskraters. Von der ehemaligen Stadtbefestigung sind noch zwei Tortürme und drei der ehemals 33 Wehrtürme erhalten. Sehenswert ist besonders der historische Marktplatz, umgeben von traditionsreichen Gasthäusern, den Wohnhäusern ehemaliger Bürgermeister und öffentlichen Gebäuden wie der Stadtmetzgerei und dem Rathaus (1551/52, Decke im Sitzungssaal) sowie der Pfarrkirche St. Emmeran (ab 11. Jh., prächtiger Renaissance-Hochaltar, wertvolles Wandfresko um 1430). Im Rahmen eines Stadtrundgangs lohnt außerdem der Weg durch die schöne Wallfahrtsstraße mit den sehenswerten Ziergiebeln seiner Bürgerhäuser. Sie führt uns auch noch Norden aus der Altstadt hinaus zum Radweg 3, wobei wir der bedeutenden Wallfahrtskirche „Maria Brünnlein" am Stadtrand einen Besuch abstatten. Das Gotteshaus entstand 1748-81 im Rokoko-Stil und wird noch heute von zahlreichen Wallfahrern besucht. Davon zeugen die interessanten Votivtafeln, die von Gläubigen zum Dank für Gebetserhörungen in das Gotteshaus gebracht wurden, ebenso wie der Hauptaltar mit der sprudelnden Quelle, gleichzeitig Zentrum des Gotteshauses und Ziel der Wallfahrer.
Unser nächstes Etappenziel, die einsti-

Wending: historischer Marktplatz, im Hintergrund die Türme der St.-Emmerans-Kirche.

ge Barockresidenz **Oettingen**, liegt am Nordrand des Kraters. Noch heute befindet sich das Schloß (15.-18. Jh.) im Besitz der Fürsten von Oettingen. Wertvolle Stuckarbeiten des Wessobrunner Meisters Matthias Schmuzer finden sich in den Repräsentationsräumen des Schlosses sowie in der nahen evangelischen Pfarrkirche (14. Jh.), die durch ihre auch sonst reiche Ausstattung (Kreuzigungsgruppe, Taufstein, Kanzel, Epitaphien) gefällt.
Vom Schloß führt die nach ihm benannte Straße nach Süden, die nach einer Teilung der Stadt (1539-1731) die Grenze zwischen dem katholischen und dem evangelischen Ortsteil bildete: Die barock geschweiften Giebel der Ostseite stehen in reizvollem Kontrast zu den reinen Fachwerkfassaden gegenüber. Hier ist das eindrucksvolle Rathaus (1431-1486) integriert, das mit seinem zierlichen Dachreiter über dem von Stockwerk zu Stockwerk vorkragenden Fachwerkkorpus gefällt. Einen Besuch wert sind auch die katholische Pfarrkirche (ab 15. Jh.), dem hl. Sebastian geweiht und daher besonders in Pestzeiten das Ziel von Wallfahrten, sowie das Heimatmuseum.
Auf dem Weg nach **Wallerstein** durchfahren wir den Ortsteil **Maihingen**, bekannt durch sein barockes Minoritenkloster (seit 1607). Vom älteren Bau bestand (15./16. Jh.) ist das ehemalige Brüderhaus des Brigittenordens erhalten, das später als Bräuhaus diente und heute das Rieser Bauernmuseum beherbergt.
Ein Zweig der einstigen Grafen von Oettingen, heute die Fürsten von Oettingen-Wallerstein, bewohnen noch immer die barocke Schloßanlage (Porzellanmuseum, Schloßpark, Reithalle mit Kutschenmuseum) in Wallerstein. Ihre Vorfahren residierten im Mittelalter auf dem 65 m hohen, schroffen Burgfelsen, der einst aus Kalkablage-

Wallerstein: Dreifaltigkeits- oder Pestsäule, hinten die Pfarrkirche.

rungen im Riessee entstanden war und noch heute einen weiten Ausblick über die Ebene gestattet. Durch den Marktflecken führt die breite einstige Handelsstraße, die heutige Romantische Straße. In der Ortsmitte steht dort die originelle Pestsäule mit den drei Seuchenheiligen Rochus, Sebastian und Antonius von Padua. Zusammen mit der Muttergottes, der Dreifaltigkeit und stilisierten Wolken bilden sie den figürlichen Schmuck der Säule, die man 1722-25 als Schutzschild gegen die drohende Pestgefahr errichtet hatte.

Tour 3: Nördlingen (Radweg 1) - Bopfingen - Röttingen - Lauchheim - Röttingen - Oberdorf (Rw 3A) - Schloß Baldern - Kirchheim am Ries (Rw 3) - Bopfingen (Rw 1) - Nördlingen (ca. 65 km).
Alternativ: Rundweg ab Bopfingen (40 km)

Ein weiterer Ausflug ab Nördlingen führt uns ins westliche Ries und dort zunächst in die einst Freie Reichsstadt **Bopfingen**. Am Rathaus (1585/86) mit seinem zierlichen Dachreiter über dem schmucken Fachwerkgiebel erinnert der Pranger noch an mittelalterliche Justiz. Künstlerischer Höhepunkt ist jedoch die ev. Pfarrkirche St. Blasius (ab 13. Jh.) mit Resten der romanischen Bausubstanz (Chorbogen, Südportal) und ihrer wertvollen Ausstattung (Epitaphien von Rittern, 14./16. Jh., Freskenzyklus). Allein schon der Hochaltar, gemalt 1472 von Friedrich Herlin und eines der berühmtesten Meisterwerke des Spätmittelalters, lohnt allemal einen Besuch.

Bopfingen: Festmusik auf dem Marktplatz. Links der Fachwerkgiebel des Rathauses, im Hintergrund der Turm der evangelischen Pfarrkirche St. Blasius.

In **Röttingen** besichtigen wir die katholische Pfarrkirche St. Gangolf, einst Grablege der Schenken von Schenkenstein. Zum Gotteshaus (1480) gehört ein schlanker Turm nach dem Vorbild des Nördlinger „Daniel". Neben den zahlreichen Ausstattungsstücken (Kruzifix um 1430, Statuen, Totenschilder) gefällt besonders der Freskenzyklus an der Decke, dem Kirchenpatron St. Gangolf gewidmet, dem Schutzheiligen der Schlechtverheirateten: Im Hauptgemälde ist dargestellt, wie Gangolf durch ein Gottesurteil Gewißheit erlangt, daß seine Frau ihn betrogen hat, im Chorzyklus ist sein gewaltsamer Tod durch die Hand seiner Gemahlin dargestellt.

Röttingen ist heute Teil des Städtchens **Lauchheim**, unserer nächsten Station. Sein Wahrzeichen ist der wuchtige Obere Torturm, geschmückt mit Wappen des Deutschen Ordens und mehreren Stadtwappen. Auf dem nahen Bergrücken des Härtsfelds (1,5 km) erhebt sich über dem Jagsttal das **Schloß Kapfenburg,** von dem man eine herrliche Aussicht genießt. Es ging aus einer staufischen Reichsburg hervor, die 1364 durch Kauf in den Besitz des Deutschen Ordens gelangte. Die heutigen Gebäude entstammen dem 16. Jahrhundert (Bastei, Grombergbau, Westernachbau mit Schloßkapelle und Rittersaal) bzw. 18. Jahrhundert (Wirtschafts- und Wohnbauten, Lorenzkapelle, Hochschloß). Reich ausgeschmückt mit Ornamenten, Wappen, Portraits sowie Bildern mit Jagdszenen, Tieren und Rittern ist der 200 m² große Rittersaal.

Luftaufnahme mit dem unverwechselbaren Kegel des Ipf, den man im Ries schon von weitem erkennt.

Zurück über Lauchheim und Röttingen fahren wir über Oberdorf (mit dem PKW direkt ab Röttingen) zum **Schloß Baldern**, wobei uns bis Oberdorf der markante Bergkegel des **„Ipf"** den Weg weist. Die ehemalige Burg gelangte 1215 in den Besitz der Oettinger Gra

Ruine Flochberg bei Bopfingen: Die ehemalige Burg der Staufer sicherte die West-Ost-Straße durch das Ries. Im Besitz der Oettinger Grafen wurde sie 1648 endgültig zerstört.

fen und war lange Zeit Residenz der Nebenlinie derer von Oettingen-Baldern, die sie in ein barockes Schloß umbauen ließen (18. Jh.). Noch heute gehören die Baulichkeiten den Fürsten von Oettingen, die sie im Sommerhalbjahr für Besichtigungen zur Verfügung stellen. Neben dem repräsentativen Festsaal mit herrlichen Stuckarbeiten sind die herrschaftlichen Wohnräume einschließlich ihrer Möblierung sowie die umfangreiche Sammlung historischer Waffen besonders sehenswert.

8 km trennen uns noch von **Kirchheim am Ries,** einem Dorf, in dem man ein ausgedehntes alemannisches Gräberfeld ausgrub (Ausstellung im Foyer der Schule). Noch lohnender ist freilich ein Besuch im ehemaligen Zisterzienserinnenkoster (1267-1802), von dem noch viele Gebäude erhalten sind (malerischer Torturm, Abteiflügel 1682/83). Die im Stil eines Bettelordens äußerlich schlichte Klosterkirche St. Maria (1358) birgt in ihrem barockisierten Innenraum zahlreiche Kunstschätze wie den prächtigen Hochaltar (1756) mit der spätgotischen Madonna, Darstellungen der Anna Selbdritt und der Krönung Mariens (alle um 1500) sowie den frühbarocken Seitenaltären. Zu den hochrangigen Sehenswürdigkeiten gehören die zahlreichen Grabsteine wie die für Graf Ludwig und seine Gemahlin Adelheid (1358), beide in der Tracht ihrer Zeit und mit dem Modell der Kirche ausgestattet, die sie stifteten. Weitere bemerkenswerte Grabplatten sind die für Graf Ludwig XI. im Bart (1430) und für Graf Friedrich III. (1423), seine Gemahlin und mehrere Äbtissinnen in der Stephanskapelle und im Frauenchor.

Abtei Neresheim

Knapp 20 km sind es von Nördlingen über die landschaftlich reizvolle Schwäbische Albstraße (Nr. 466) nach Neresheim. Kurz hinter Holheim steigt die Straße auf den Rand des Rieskraters, gleichzeitig verlassen wir das bayerische Franken. Auf einem Hügel oberhalb der Stadt liegt die Abtei Neresheim, für die der geniale Architekt Balthasar Neumann mit der imposanten Abteikirche (1750-1792) eines seiner vollkommensten Werke schuf. Das äußerlich schlichte Gotteshaus, nach Neumanns Tod (1753) weitgehend nach seinen Plänen vollendet, gefällt vor allem durch seine lichtdurchflutete Raumgestaltung sowie die kunstvollen Deckengemälde des Tiroler Künstlers Martin Knoller. Der Zwang zur Sparsamkeit und der Stilwandel zum Klassizismus verhinderten eine großzügigere Stuckierung und Ausstattung der Kirche, was die überragende Baukonzeption des Balthasar Neumann jedoch nur um so mehr zur Geltung bringt mit einem Bauwerk, das in der europäischen Kunstgeschichte eine hervorragende Stellung einnimmt.

Obwohl die Benediktiner das einstige Chorherrenstift bereits im Jahr 1106 übernahmen, stammt der älteste vorhandene Bau (Prälatenbau) aus dem 15., alle anderen aus dem 17. und 18. Jahrhundert. Wie die meisten anderen geistlichen Besitztümer wurde die Abtei 1802, 10 Jahre nach der Vollendung der herrlichen Kirche, aufgelöst und ihr Besitz den Fürsten von Thurn und Taxis zugeschlagen. Diese Adelsfamilie gab ihn jedoch großzügigerweise an den Orden zurück, so daß die Benediktiner seit 1920 hier wieder ihre alte Tradition aufnehmen konnten.

Auf dem Rückweg nach Nördlingen empfiehlt sich ein kleiner Umweg über Kösingen und Forheim durch das romantische Kartäusertal. Dieses ist nach einem Kloster in Christgarten benannt, von dem fast nur noch Ruinen zeugen. Der einstige Mönchschor der Klosterkirche (1390) dient heute den 23 Einwohnern der Ortschaft als Andachtsraum. Erhalten sind hier der Hochaltar, ein Kruzifix (beides um 1500) sowie das Chorgestühl (um 1400).

Blick durch den Innenraum der Abteikirche von Neresheim, einer der reifsten Leistungen des berühmten Architekten Balthasar Neumann.

Tipps und Adressen von A - Z

Telefonvorwahl 09081/PLZ 86720

Ärztlicher Notdienst: Tel.: 19222
Polizei-Notruf: Tel.: 110
Feuer-Notruf: Tel.: 112

ADAC-Auskunft: Schwarzer Reise- und Verkehrsbüro, Tel.: 29 08 88

Angeln:
Reiche Fischgewässer in der Umgebung

Auskunft: Tourist-Information, Marktplatz 2 86720 Nördlingen im Ries, Tel.: 09081/84116, Fax 09081/84113, www.noerdlingen.de, E-mail: tourist-information@noerdlingen.de; von Ostern bis 1. Nov. Mo-Do von 9.00 bis 18.00 Uhr, Fr. von 9.00 bis 16.30 Uhr, Sa. und an Feiertagen von 9.30 bis 13.00 Uhr; von 2. Nov. bis Gründonnerstag Mo.-Do. von 9.00 bis 17 Uhr, Fr. von 9.00 bis 15.30 Uhr

Baden: Solarfreibad Marienhöhe, Tel.: 5055; Hallenbad/Solarium, Tel.: 271810

Bahnhof: Bahn-Fahrplanauskunft
Tel.: 0800/157090 (kostenlos) oder
Tel.: 11861 (persönliche Auskunft und Buchung, gebührenpflichtig).

Eislaufen: Natureisbahn im Winter

Fahrradverleih:
Radsport Böckle, Tel.: 801040;
Zweirad Müller, Tel.: 5675

Fliegen: Rieser Flugsportverein, Tel.: 28963; Rundflüge nach Vereinbarung

Freilichtbühne: "Alte Bastei", Aufführungen von Ende Juni bis Anfang August, Auskunft im Verkehrsamt, Tel.: 84116 und 84216

Fundbüro: im Rathaus, Tel.: 84196

Kino: Tel.: 4302

Minigolf: geöffnet von Ostern bis September, Tel.: 257475

Museen: siehe Hinweise in diesem Buch

Omnibus-Nahverkehr: Reise- und Verkehrsbüro Schwarzer, Tel.: 290688

Patenschaften: Olmütz in Mittelmähren, Tetschen-Bodenbach im Elbsandsteingebirge

Polizei: Reimlinger Straße 7, Tel.: 29560

Postamt: am Bahnhof, Tel.: 29660

Reiten: Reit- und Fahrverein St. Georg, Tel.: 86150; Reitstall Petra, Tel.: 4584

Schwesternstädte: Riom/Frankreich und Wagga-Wagga/Australien

Stadtarchiv: Tel.: 273814-0

Stadtführungen: von Ostern bis Oktober (je nach Wetterlage) täglich um 14.00 Uhr ab Verkehrsamt/Marktplatz (Gruppen ab 15 Personen nur mit Voranmeldung)

Stadtsaal: "Klösterle", Tel.: 5000

Taxi: A. Kern, Tel.: 1660; A. Rieß, Tel.: 87778; H. Roßberger, Tel.: 24141; K. Schindler, Tel.: 1203

Tennis: Marienhöhe, Tel.: 3960; Rieser Sportpark, Tel.: 1216

Theater:
Auskunft Verkehrsamt, Tel.: 4380 und 84116

Veranstaltungskalender: erscheint vierteljährig, kostenlose Abgabe im Verkehrsamt, Tel.: 4380 und 84116

Wochenmarkt: jeden Samstag und jeden Mittwoch von ca. 8.00 bis 12.30 Uhr in der Fußgängerzone

Zimmernachweis:
Verkehrsamt, Tel.: 4380 und 84116